HAPPY YOGIS

LETTER TO PARENTS AND CAREGIVERS

Teaching kindness to our children is the goal of any parent or adult. However, we don't always focus on teaching kids how to be kind to themselves.
Repeating positive affirmations will encourage them to love and accept themselves as they are. Kids with a positive self-image are more confident, more curious, happier, and more accepting of their mistakes. This approach can lead to feeling more capable—and more willing to take on new challenges and learn.
Adding yoga to your child's daily routine can help them relax, relieve stress and anxiety, sleep better, increase empathy, and improve their mood.
This book will help you bond with your child in a deeper way. As you both perform each pose and read this book, encourage your child to repeat every affirmation three times. You can ask them how they feel. It's important to remind them that they can use these affirmations on their own, any time.
Reading this book and doing the activities can help you and your child(ren) feel happier and more empowered. Remember, the work you do with your child can pave the way for remarkable achievements!.

CARTA PARA PADRES Y TUTORES

Enseñar bondad a nuestros hijos es el objetivo de cualquier padre o adulto. Sin embargo, no siempre nos enfocamos en enseñar a los niños
cómo ser amables con ellos mismos.
La repetición de afirmaciones positivas los animará a amarse y aceptarse a sí mismos como son. Los niños con una imagen positiva de sí mismos son
más seguros de sí mismos, más curiosos, más felices y aceptan más sus errores. Este enfoque puede hacer que se sientan más capaces y más dispuestos a asumir nuevos desafíos y aprender.
Agregar yoga a la rutina diaria de tu hijo puede ayudarlo a relajarse, aliviar el estrés y la ansiedad, dormir mejor, aumentar la empatía y
mejorar su estado de ánimo.
Este libro te ayudará a vincularte con su hijo de una manera más profunda. Mientras ambos realizan cada pose y leen este libro, anima a tu hijo a repetir cada afirmación tres veces. Puedes preguntarle cómo se siente. Es importante recordarles que pueden usar estas afirmaciones por sí mismos,
en cualquier momento.

Dedication:

This book is dedicated to my two wonderful kids, Stella and Alessandro. *Los amo con todo mi Corazón.* You are my inspiration, and I'm so proud of you!

⭐ This book belongs to:

_____

⭐ Este libro pertenece a:

_____

VISIT: www.happyyogisbook.com
for free learning activities for children.

Hi, I'm Stella. I love doing yoga with my mom because it's fun —and it keeps my body and mind healthy.

Hola, soy Stella. Me encanta hacer yoga con mi mamá porque es divertido y mantiene mi cuerpo y mi mente saludables.

And I'm Alessandro. Are you ready for a yoga adventure with us? Let's go!

Y yo soy Alessandro. ¿Estás listo para una aventura de yoga con nosotros? ¡Vamos!

MOUNTAIN POSE

I start my days with a grateful heart.
I'm thankful for you.
What are you GRATEFUL for today?

POSTURA DE MONTAÑA

Empiezo mis días con un corazón agradecido.
Y yo agradezco por ti.
¿Por qué estás AGRADECIDO hoy?

TREE POSE

Today, I feel ready to take on the world.
I AM CONFIDENT.

POSTURA DE ÁRBOL

Hoy, me siento listo para conquistar el mundo.
YO SOY SEGURA DE MI.

DANCER POSE

I want to understand how the world works.
I follow my curiosities and learn.
I AM OPEN-MINDED AND CREATIVE.

POSTURA DEL BAILARÍN

Quiero entender cómo funciona el mundo.
Sigo mis curiosidades y aprendo.
YO SOY DE MENTE ABIERTA Y CREATIVA.

GODDESS POSE

I feel free to let go of fear.
I AM BRAVE.

POSTURA DE LA DIOSA

Me siento libre de dejar ir el miedo.
YO SOY VALIENTE.

PLANK POSE

Some days are tough, but each day
I act with lots of courage.
I AM STRONG.

POSTURA DE LA TABLA

Algunos días son duros, pero cada día actúo
con mucha valentía.
YO SOY FUERTE.

CAT POSE

I care about others, and I am a good friend.
I AM KIND.

POSTURA DEL GATO

Me preocupo por los demás y soy una buena amiga.
YO SOY AMABLE.

COW POSE

I enjoy sharing, and I like giving to others,
which makes me feel good.
I AM GENEROUS.

POSTURA DE LA VACA

Disfruto compartir y me gusta dar a los demás,
lo cual me hace sentir bien.
YO SOY GENEROSA.

UPWARD DOG

I am in charge of how I feel today.
I AM HAPPY

POSTURA DEL PERRO BOCA ARRIBA

Estoy a cargo de cómo me siento hoy.
YO ESTOY FELIZ

CAMEL POSE

**My family and friends love me exactly the way I am.
I AM UNIQUE.**

POSTURA DEL CAMELLO

Mi familia y amigos me aman
exactamente como soy.
YO SOY ÚNICA.

BOAT POSE

I work hard to overcome challenges.
Even when I struggle,
I ALWAYS TRY MY BEST.

POSTURA DEL BARCO

Trabajo duro para superar los desafíos.
Incluso cuando las cosas se ponen difíciles,
YO SIEMPRE HAGO MI MEJOR ESFUERZO.

BRIDGE POSE

I can't control things that happen,
but I can control how I react.
I AM CALM.

POSTURA DEL PUENTE

No puedo controlar las cosas que suceden,
pero puedo controlar cómo reacciono.
YO ESTOY TRANQUILA.

SAVASANA

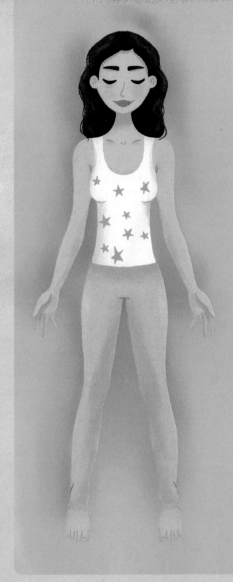

LOVING-KINDNESS MEDITATION FOR CHILDREN

Lie on your back. Keep your eyes closed, and palms facing up.
Find a comfortable position, and if you want gently close your eyes.
Take a long deep breath in and out. Place your hands over your heart.
Now, follow along with me. You can say what I say—by speaking out
loud or in your imagination.
I LOVE MYSELF. MAY I BE HAPPY, HEALTHY AND AT PEACE.
Next, think of someone you love very much, imagine the smile on their
face. Follow along with me as I say:
MAY YOU BE HAPPY, HEALTHY, AND AT PEACE.
Now send these same thoughts to someone in
school—or a sibling—who has perhaps hurt your feelings.
Lastly, send these kind and warm thoughts to the universe, extend
feelings of loving-kindness to people all over the globe.

MEDITACIÓN DE AMOR BENEVOLENTE

Busca una posición cómoda y, si lo deseas, cierra tus ojos suavemente. Respira
profundamente adentro y afuera. Coloca tus manos sobre tu corazón. Ahora,
sígueme. Puedes decir lo que digo, hablando en voz alta o con tu imaginación.
ME QUIERO A MI MISMA. QUE PUEDA SER FELIZ, SALUDABLE Y ESTAR EN PAZ.
A continuación, piensa en alguien a quien amas mucho, imagina la sonrisa en su
rostro. Sígueme mientras te digo:
QUE SEAS FELIZ, SALUDABLE Y QUE ESTÉS EN PAZ.
Ahora envía estos mismos pensamientos a alguien en la escuela, o un hermano,
que quizás haya herido tus sentimientos.
Por último, envía estos pensamientos amables y cálidos al universo, extiende
sentimientos de bondad amorosa a personas de todo el mundo.

MOUNTAIN POSE

Stand tall hip width apart.
Reach out to the sky.

Separa un poco tus pies.
Alcanza el cielo con tus
brazos.

TREE POSE

Lift one foot, bend the knee
and place your sole on your
inner thigh.

Levanta un pie, dobla la rodilla y
coloca la planta del pie en la parte
interna del muslo.

DANCER POSE

Bend one foot up, and hold onto that
foot with your same-sided hand. Lift
your free arm over your head.

Dobla un pie hacia arriba y sosténlo
con la mano del mismo lado. Levanta
tu otro brazo sobre tu cabeza.

GODDESS POSE

Step your legs apart.Turn your toes
outward and bring your hands to
heart center. Bend your knees.

Separa las piernas, gira los dedos de
los pies hacia afuera y lleva las manos
al centro del corazón. Dobla tus rodillas.

PLANK POSE

Begin on your hands and knees. Step one leg straight back, and then the other.

Empieza en tus manos y rodillas. Pasa una pierna hacia atrás y luego la otra.

CAT POSE

Begin on your hands and knees, round your back and look at your belly.

Comienza sobre tus manos y rodillas, redondea la espalda y observa tu barriga.

COW POSE

Begin on your hands and knees. Look up to the sky and allow your belly to sink.

Comienza sobre tus manos y rodillas. Mira hacia el cielo y deja que tu barriga se hunda.

UPWARD DOG

Lie on your stomach, bring your hands by your shoulders and slowly push your chest and head up, straightening your arms.

Acuéstate boca abajo, lleva tus manos a altura de tus hombros y empuja lentamente el pecho y la cabeza hacia arriba, estirando los brazos.

DOWNWARD DOG

Begin on your hands and knees. Curl your toes, straighten your knees and lift your hips.

Empieza sobre tus manos y rodillas. Dobla los dedos de los pies, estira las rodillas y levanta las caderas.

CAMEL POSE

Begin on your knees. Place your hands on your back, with your fingers pointed down. You can stay here or lean back until your hands touch your feet.

Empieza de rodillas. Coloca tus manos en tu espalda, con los dedos apuntando hacia abajo. Puedes quedarte aquí o recostarte hasta que tus manos toquen tus pies.

BOAT POSE

Lie down flat on your back. Lift your chest and feet off the ground, to form a 'V' shape.

Acuéstate boca arriba. Levanta el pecho y los pies del suelo para formar una "V".

BRIDGE POSE

Lie on your back. Bend your knees and lift your hips.

Acuéstate boca arriba. Doble las rodillas y levanta las caderas.

SAVASANA

Lie on your back with your arms straight and palms facing up. Close your eyes.

Acuestate boca arriba con tus brazos estirados y palmas hacia arriba. Cierra tus ojos.

BELLY BREATHING

Lie down on your back and get cozy with your legs straight and your arms at your sides. Place your favorite stuffed animal on your belly. Now, take a long slow breath in filling your belly with air, watch your stuffed animal rise up as you breath in.
Breath out slowly feeling your belly and your stuffed animal go down.

RESPIRACION ABDOMINAL

Acuéstate boca arriba y ponte cómodo con las piernas estiradas y los brazos a los lados. Coloca tu animal de peluche favorito sobre tu vientre. Ahora, respira lento para llenar tu estómago de aire, observa cómo se levanta tu animal de peluche mientras inhalas.
Exhala lentamente sintiendo que tu vientre y tu animal de peluche bajan.

ABOUT THE AUTHOR

Dr. Sandy Zanella is the mom of two kids under five, a kids' yoga and mindfulness instructor. During the pandemic, she's been giving free yoga zoom classes for kids. She has also been collaborating with non-profit organizations to provide her services as a mindful parenting expert. In this way, she has been able to help a lot of families around the globe.

SOBRE LA AUTORA

La Dra. Sandy Zanella es madre de dos niños menores de cinco años, instructora de yoga y atención plena para niños. Durante la pandemia, ha estado dando clases gratuitas de yoga por zoom para niños. También ha estado colaborando con organizaciones sin fines de lucro para brindar sus servicios como experta en crianza consciente. De esta manera, ha podido ayudar a muchas familias en todo el mundo.

ABOUT THE ILLUSTRATOR

Diana Guerrero is an independent Mexican illustrator, she studied graphic design at the BUAP Puebla University where she fueled the desire and passion for drawing that she had since she was a child. With a passion in children's Illustration, she is a lover of reading and video games, she wants to create and inspire children and adults to tell their own stories through drawing and art, a world where they can discover that illustration is a way to be free.

SOBRE LA ILUSTRADORA

Diana Guerrero es una ilustradora mexicana independiente, estudió diseño gráfico en la Universidad BUAP Puebla donde avivo el deseo y la pasión por dibujar que tenía desde que era niña. Con una pasión en la Ilustración infantil, ella es amante de la lectura y los videojuegos, desea crear e inspirar a niños y grandes a contar sus propias historias por medio del dibujo y arte, un mundo donde pueden descubrir que la ilustración es una forma de ser libres.

Made in the USA
Middletown, DE
24 July 2021